Duden
Lernen lernen

Konzentration

Duden
Lernen lernen

Für Schülerinnen und Schüler:

Konzentration
Training von Gedächtnis, Wahrnehmung und logischem Denken
4. bis 6. Klasse
ISBN 3-411-71241-4

Lerntipps
Hilfen zur selbstständigen Verbesserung der Lern- und Arbeitstechniken
5. bis 7. Klasse
ISBN 3-411-71251-1

Hausaufgaben und Klassenarbeiten
Ein Wegweiser zur erfolgreichen Bewältigung
5. bis 7. Klasse
ISBN 3-411-71271-6

Referate – Vorträge – Facharbeiten
Von der cleveren Vorbereitung zur wirkungsvollen Präsentation
9. bis 13. Klasse
ISBN 3-411-71821-8

Für Eltern:

Schultipps für Eltern
Unterstützen Sie den Lernerfolg Ihres Kindes
4. bis 10. Klasse
ISBN 3-411-71811-0

Duden
Lernen lernen

Konzentration

Training von Gedächtnis,
Wahrnehmung und logischem Denken

von Barbara Carle-Gladbach, Erdmute Mondrowski,
Marion Schützmann-Heinze

mit Illustrationen von Marcus Frey

Dudenverlag
Mannheim · Leipzig · Wien · Zürich

Die Deutsche Bibliothek – CIP Einheitsaufnahme
Ein Titeldatensatz für diese Publikation
ist bei Der Deutschen Bibliothek erhältlich.

Das Wort DUDEN ist für den Verlag
Bibliographisches Institut & F. A. Brockhaus AG
als Marke geschützt.

Alle Rechte vorbehalten
Nachdruck, auch auszugsweise, verboten
© *Bibliographisches Institut & F. A. Brockhaus AG,*
Mannheim 2001   D C
Redaktion: *Martin Fruhstorfer*
Herstellung: *Petra Moll*
Typografisches Konzept: *Nebe & Topitsch, München*
Satz und Gestaltung: *Frey & Müller, Mainz*
Umschlaggestaltung: *Bettina Bank*
Druck und Bindung: Appl, Wemding
Printed in Germany
ISBN 3-411-71241-4

Liebe Eltern!

Wer hat sich nicht schon zu Bemerkungen hinreißen lassen wie „Du machst einfach zu viele Flüchtigkeitsfehler!", „Wo hast du nur wieder deine Gedanken gehabt?" oder „Schau doch genau hin!"?
Ohne Frage ist die Konzentrationsfähigkeit entscheidend für den Schulerfolg. Sich konzentrieren zu können bedeutet, dass man seine Aufmerksamkeit ungeteilt auf eine bestimmte Aufgabenstellung richten kann. Und das ist für Schülerinnen und Schüler die beste Voraussetzung dafür, auch in ungeliebten Fächern, die nicht so leicht von der Hand gehen, Lernerfolge zu erzielen.

Im Wesentlichen wird das Konzentrationsvermögen anhand der Bereiche visuelle Wahrnehmung, Gedächtnisleistung und logisches Denken trainiert. Die Konzentrationsübungen dieses Buches, die zunächst spielerisch beginnen, verlangen eine Intensivierung der Aufmerksamkeit und damit die Beseitigung von Störfaktoren.
· Achten Sie deshalb auf die Gestaltung des Arbeitsplatzes (Tischhöhe, Sitzposition, Lichtquelle, Raumtemperatur) ihres Kindes.
· Verringern Sie akustische Störungen, die ihr Kind während der Arbeitsphasen ablenken könnten.
· Erlauben Sie Ihrem Kind, die Konzentrationsdauer langsam zu steigern. Eine kürzere Konzentrationsphase, die von Erfolg gekrönt ist, motiviert es zur Weiterarbeit.
· Achten Sie darauf, dass Ihr Kind ausreichend Pausen macht, mit viel Bewegung, frischer Luft und leichter Kost.

Dem Übungsbuch liegt ein ganzheitliches Konzept zugrunde. Die Konzentrationsaufgaben sind zur Steigerung der Motivation in eine Rahmenhandlung eingebunden, die von Übung zu Übung eine Fortsetzung erfährt: Wir begleiten Lene Blume und eine Kindergruppe auf einer Jugendfreizeit. Die Doppelseiten des Buches ergeben dabei jeweils eine pädagogische Einheit, und es reicht völlig aus, wenn Ihr Kind an einem Nachmittag eine Doppelseite bearbeitet. Dabei sind alle Aufgaben im Buch selbst zu lösen, die Ergebnisse können mit dem Lösungsteil am Ende selbstständig kontrolliert werden. Für den Fall, dass eine Aufgabe nicht gleich beim ersten Mal klappt, ist es am besten, wenn Ihr Kind mit dem Bleistift arbeitet.
Und an Sie, liebe Eltern, haben wir zum Schluss die Bitte: Lassen Sie Ihr Kind selbstständig sein Konzentrationsvermögen verbessern, helfen Sie nur in Ausnahmefällen weiter!

Barbara Carle-Gladbach, Erdmute Mondrowski, Marion Schützmann-Heinze
Mannheim, im Januar 2001

Inhaltsverzeichnis

1 Die Fahrt in die Ferien 10	**3 Eine Rallye durch die Stadt** 32
Die Abfahrt 11	Gruppeneinteilung Rallye 34
Im Bus 12	Der Start 36
	Rallyeaufgabe 1 38
2 Die Ankunft in Elkmar 18	Rallyeaufgabe 2 40
Ankunft 19	Rallyeaufgabe 3 42
Unordnung im Hotel 20	Rallyeaufgabe 4 44
Lenes Zimmer 22	Pause im Stadtpark 46
Unordnung im Koffer 25	Auf dem Marktplatz 52
Lenes Rucksack 27	Rallyeaufgabe 5 54
Ein Brief an Tobias 28	Rallyeaufgabe 6 56
Im Speisesaal 30	Rallyeaufgabe 7 58
	Rallyeaufgabe 8 60
	In der Eisdiele 61

Inhaltsverzeichnis

4 Ein Besuch im Museum **64**
Römische Funde 65
In der Gemäldesammlung 66
Zurück aus dem Museum 71

5 Der Grillabend **72**
Ein Brief von Tobias 73
Der Weg zur Grillhütte 74

6 Ein Tag im Freibad **76**
Stadt, Land, Fluss. 77
Ein Brief in Geheimschrift. 79
Zurück vom Baden. 80

7 Der Abschied von Elkmar **82**
Einladung zur Party 83
Ein großer Einkauf. 84
Auf der Abschiedsparty 86
Auf der Heimfahrt. 90

8 Lösungen **92**

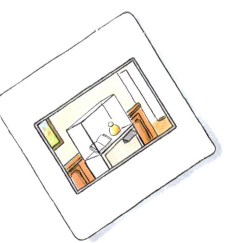

Die Fahrt in die Ferien

1

O·J·E
Organisierte Jugend Elkmar
Jugendhotel STERN

Hallo Lene,

endlich geht es los nach Elkmar. Wir freuen uns, dass du dabei bist.

Wir, das sind Mona, Silke, Jan und Kai, deine Betreuer für die nächsten 14 Tage im Jugendhotel „Stern".

Natürlich wollen wir richtig faulenzen, schließlich sind ja große Ferien. Aber wir haben auch viele Aktionen geplant: Ausflüge ins Freibad und ins Museum, eine Gruppenrallye durch die Stadt, Grillabend, Disco und noch andere Sachen, die Spaß machen.

Sonst noch Fragen, Ideen oder Tipps?

Wir sind für dich da!

Die Abfahrt

Endlich geht es los! Schon lange hat sich Lene auf die Fahrt in die Ferien gefreut. Schade nur, dass es so schrecklich regnet, aber vielleicht scheint ja dafür die nächsten Wochen immer die Sonne!

Der Brief, den sie von den Betreuern bekommen hat, ist leider etwas nass geworden, mit etwas Geduld lässt er sich aber noch entziffern.

Schreibe den Brief an Lene noch einmal vollständig auf!

Hallo Lene,

endlich geht es los nach Elkmar. Wir freuen uns, dass du dabei bist. Wir, das sind Nora, Silke, Jan und Kai deine Betreuer für die nächsten 19 Tage im Jugendhotel „Stern".

Natürlich wollen wir richtig faulenzen, schließlich sind ja große Ferien. Aber wir haben viele Aktionen geplant: Ausflüge ins Freibad und ins Museum, eine Gruppenrallye durch die Stadt, Grillabend, Disco und noch andere Sachen, die Spaß machen.

Sonst noch Fragen, Ideen oder Tipps?

Wir sind für dich da!

1 Die Fahrt in die Ferien

Im Bus

Im Bus liest Lene das zweite
Blatt des Briefes:

Damit du dich sofort ein bisschen heimisch fühlst, beschreiben wir dir schon mal dein Zimmer:

Wenn du die Tür zu deinem Zimmer öffnest, kannst du direkt aus dem Fenster schauen, die Gardinen sind hell-dunkelblau gestreift. Auf der Fensterbank steht ein Willkommensgruß: ein bunter Frühlingsstrauß.
Links neben dem Fenster steht ein Etagenbett. In welchem Bett möchtest du schlafen? Da musst du dich mit deiner Zimmergenossin einigen.
Die Bettbezüge sind im gleichen Muster wie die Gardinen. Sieht schön aus, oder?
Zwischen Bett und Fenster ist ein Regal angebracht. Im Regal stehen zwei Lampen, sodass jede von euch abends noch ein bisschen lesen kann. Die Lampenschirme sind gelb mit blauen Punkten.
Vor dem Fenster steht ein Tisch mit einer roten Tischdecke. Dazu gehören zwei Stühle. Der Wandschrank ist rechts neben dem Fenster.

Bestimmt fühlst du dich in deinem Zimmer sehr wohl.

1 Die Fahrt in die Ferien

Zeichne das Bild weiter!

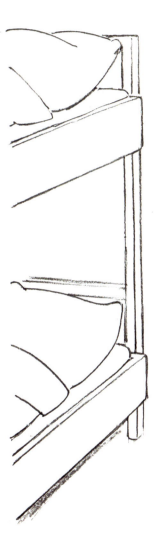

1 Die Fahrt in die Ferien

Lene hat ihren Rucksack offen gelassen und im Bus in den Gang gestellt. Schon ist es passiert: In einer scharfen Kurve fällt der Rucksack um, und sein ganzer Inhalt liegt auf dem Boden!

1 Die Fahrt in die Ferien

Was für ein Durcheinander!
Nur gut, dass man die Sachen
ganz einfach wieder ordnen kann.   *Hilf Lene dabei und schreibe die Dinge in die Tabelle!*

Dinge gegen Langeweile	Dinge gegen Hunger und Durst	Dinge fürs Wohlbefinden

Aus jedem der drei Bereiche ist hier eine Sache versteckt:

Markiere die drei Sachen, indem du sie einkringelst! Lies von links nach rechts, von oben nach unten und diagonal.

L	E	U	C	H	B	K
E	Z	R	M	L	A	A
R	A	M	O	O	Ρ	M
T	A	S	T	I	F	T
K	H	U	G	X	E	I
I	N	T	D	A	L	S

········· 1 **Die Fahrt in die Ferien**

Um den Kindern die Zeit bei der Busfahrt zu verkürzen, haben die Betreuer Silke und Kai ein Kreuzworträtsel verteilt. Alle sind eifrig dabei und rufen sich quer durch den Bus die Lösungen zu.

Löse das Rätsel, du kannst es sicher auch allein!

Waagerecht:

1. Sie spielen auf dem Spielplatz.
2. Sie regelt den Verkehr.
3. Das Gegenteil von unten
4. Ein Edelmetall
5. Die Abkürzung von im Allgemeinen
6. Ein Wasservogel
7. Ein anderes Wort für häufig
8. Ein Gerät zur Verständigung
9. Ein Musikinstrument, das auch Jäger benutzen
10. Darin werden Termine eingetragen.
11. Eine Kopfbedeckung für Motorradfahrer
12. Ein Nagetier mit langen Ohren
13. Die Signalfarbe für „Halt!"
14. Ein Gerät, das man zum Putzen braucht
15. Die Farbe des Himmels
16. Ein alkoholisches Getränk, das Seeleute lieben
17. Diesen rötlichen Überzug bekommt Eisen bei Feuchtigkeit.
18. Ein Fisch, der wie eine Schlange aussieht
19. Das brauchen Bergsteiger, Segler – und Kinder zum Tauziehen
20. Ein Dickhäuter mit langem Rüssel

Senkrecht:

21. Eine Kopfbedeckung für Mädchen
22. Das gibt es in vielen Museen zu bewundern.
23. Das braucht ein Zimmermann zum Bauen.
24. Ein Gerät, mit dem du Musik hören kannst
25. Ein Körperteil
26. Eine Lichtquelle mit einer Kerze darin
27. Ein anderes Wort für Hast
28. Sie bilden das Kleid der Vögel.
29. Darin können Spielsachen, manchmal auch ein Schatz aufbewahrt werden.
30. Das bedeckt den größten Teil der Erde.
31. Diese Erde braucht man zum Töpfern.
32. Der sechzigste Teil einer Stunde
33. Das bekommen Kinder oft vor dem Einschlafen zur Guten Nacht.
34. Ein Tier mit Stacheln
35. Eine Blume mit Dornen
36. Ein Fortbewegungsmittel, das auf Schienen fährt
37. Ein anderes Wort für das Universum, oft steht auch Welt- davor
38. Ein heißes Getränk

1 Die Fahrt in die Ferien

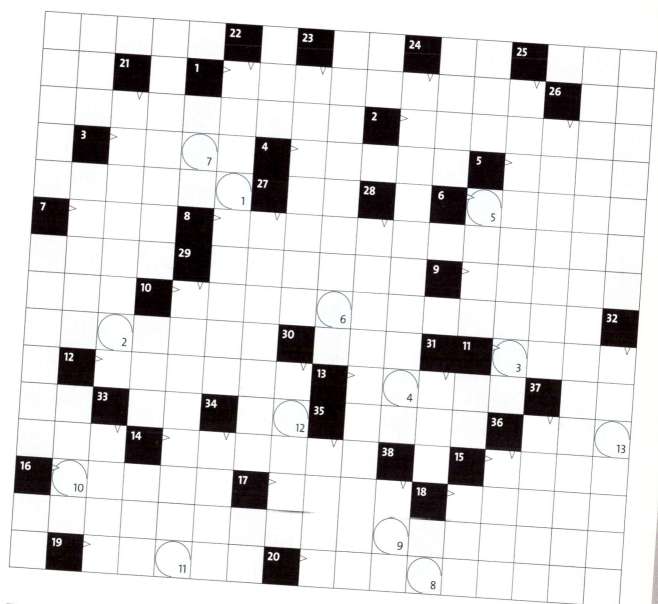

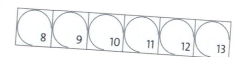

Die Ankunft in Elkmar

2

Endlich sind die Kinder angekommen. Im Jugendhotel „Stern" herrscht aber erst einmal helle Aufregung: Die Schlüssel sind durcheinander geraten!

Ordne den Zimmern die richtigen Schlüssel zu und trage in die Schlüsselanhänger die Zimmernummer ein.

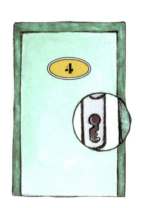
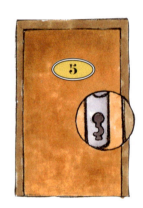

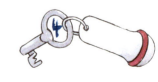

Ankunft

Das Zimmer, das Lene und Susanne beziehen sollen, hat natürlich auch eine Zimmernummer. Seine Lage lässt sich aber auch ganz anders beschreiben. Findest du Lenes Zimmer im Jugendhotel?

Trage die Bezeichnung der Räume in die Türschilder ein.

Der Essraum ist neben der Küche.

Der Essraum ist unter dem Fernsehraum.

Die Küche ist neben der Treppe.

Lenes Zimmer ist links neben dem Badezimmer.

Lenes Zimmer ist über der Küche.

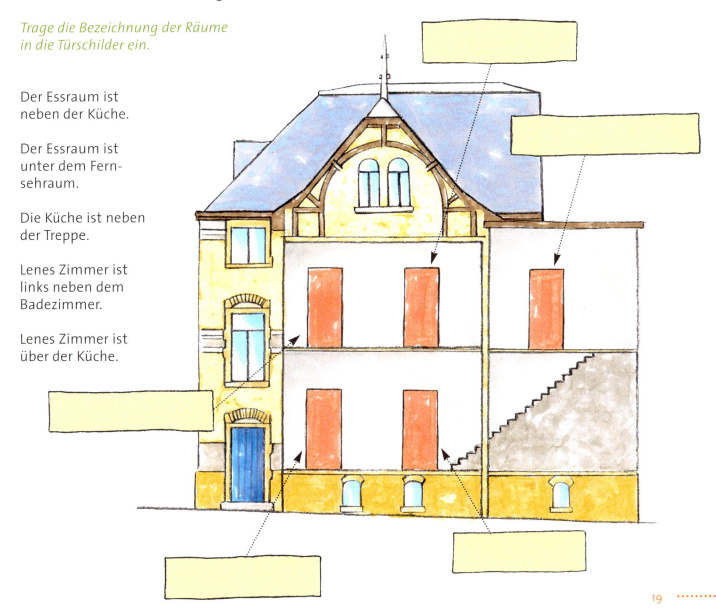

Unordnung im Hotel

Na, so ein Durcheinander. Dem Portier sind nicht nur die Schlüssel runtergefallen, sondern auch die Anmeldeformulare durcheinander geraten.

Kannst du ihm sortieren helfen?

2 Die Ankunft in Elkmar

Ordne die Teilnehmer und die Betreuer nach ihrem Alter. Beginne mit dem jüngsten Teilnehmer und fülle das Formular in Druckschrift aus. Schreibe bei allen dazu, wie alt sie heute sind.

Jugendhotel **STERN**

Name Mädchen	Name Junge	Alter
Ellen Conrads		11

2 Die Ankunft in Elkmar

Lenes Zimmer

Lene kann nun ihr Zimmer beziehen. Na, so was, das Nachbarzimmer sieht ja fast genauso aus! Beide Zimmer sehen sich wirklich zum Verwechseln ähnlich.

Vergleiche die beiden Bilder und finde die zehn Unterschiede

1

2 Die Ankunft in Elkmar

Ja, und welches Zimmer ist nun das richtige? Erinnerst du dich an die Beschreibung auf Seite 12?

Das richtige Zimmer zeigt Bild _____ .

23

2 Die Ankunft in Elkmar

Die Koffer müssen jetzt alle auf die richtigen Zimmer.

Lies die Beschreibung und ordne die Koffer den Zimmern zu. Schreibe die Zimmernummern an die Koffer.

Mein Koffer ist ein Hartschalenkoffer, er ist blau und hat ein grün-blau gestreiftes Kofferband.

Mein blauer Lederkoffer hat Kofferschnallen und Gurte. Er sieht schon ziemlich verbeult aus.

Mein Koffer ist aus blauem Leder, er hat einen Aufkleber auf der Seite.

Mein Koffer ist ein blauer Hartschalenkoffer, er hat viele Aufkleber auf der Seite.

Unordnung im Koffer

Auf der Fahrt sind Lenes Sachen durcheinander geraten, dabei hatte sie alles doch so ordentlich gepackt.
Findest du die Sachen wieder?

Schreibe die Koordinaten an die Bildausschnitte.

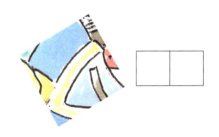

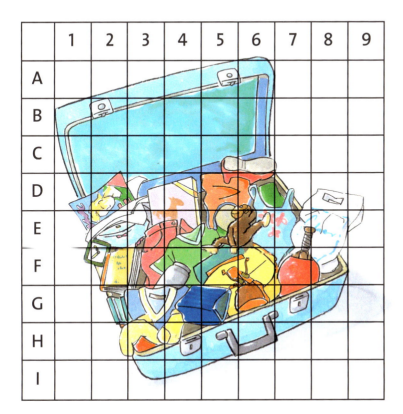

2 Die Ankunft in Elkmar

Mario ist leider sehr unordentlich. Er hat seine Sachen in aller Eile gepackt. Dabei sind ihm Gegenstände in den Koffer geraten, die dort nichts zu suchen haben.

Schreibe die Wörter dieser Gegenstände in die dafür vorgesehenen Kästchen.

Welcher Gegenstand ist doppelt im Koffer?
Trage das Wort in die Kästchen ein.

Lenes Rucksack

In Lenes Rucksack sieht es inzwischen auch nicht mehr ganz so ordentlich aus. Den Apfel und die Brote hat sie gegessen – aber da fehlt doch etwas! Irgendwas muss Lene im Bus vergessen haben. Kannst du dich an den Inhalt von Lenes Rucksack erinnern?
Schau noch einmal auf Seite 14.
Merke dir alles genau.
Was fehlt auf diesem Bild?

Trage den fehlenden Gegenstand in der Lösungszeile ein.

Ein Brief an Tobias

Kaum sind die Zimmer bezogen, setzt sich Lene hin und schreibt einen Brief an Tobias, ihren Schulfreund (er hilft ihr bei Mathe, und sie fragt ihn immer Englischvokabeln ab), der nicht mit nach Elkmar konnte. Die beiden schreiben sich oft in Geheimschrift, damit nicht alle anderen ihre Briefe lesen können.

2 Die Ankunft in Elkmar

Verstehst du, was
Lene geschrieben hat?

*Schreibe den Brief
in Schreibschrift auf!*

2 Die Ankunft in Elkmar

Im Speisesaal

Die Zimmer sind bezogen, und der verschwundene Kopfhörer ist zum Glück wieder aufgetaucht. Jetzt können die Ferien beginnen. Im Speisesaal angekommen, bekommt Lene einen Speiseplan für die nächste Woche. Der Koch möchte schon im voraus wissen, was jeder essen möchte.

Speiseplan   KW 31

Montag	Dienstag	Mittwoch	Donnerstag	Freitag	Samstag	Sonntag
Spaghetti bolognese mit frischem Salat	Spinatauflauf mit Schinken und Kartoffeln	Wiener Schnitzel mit Pommes und Salat	Pizza vegetariana	Apfelpfann-kuchen mit Zimt und Zucker	Gemüsesuppe	Rinderrouladen mit Rotkohl und Klößen
Spaghetti mit Paprika-Toma-ten-Soße und frischem Salat	Spinat mit Rühreiern und Bratwurst	Frikadellen mit Pommes und Salat	Pizza Tonno	Pfannkuchen mit Speck und Zwiebeln	Erbsensuppe mit Brühwürst-chen	Gemüsebratling mit Tomaten-soße
Spaghetti carbonara mit frischem Salat	Vegetarische Reisnudeln	Gemüsefrika-dellen mit Pommes und Salat	Pizza Salami		Bohneneintopf mit Speck	

Speiseplan für: Lene Blume

Montag	Dienstag	Mittwoch	Donnerstag	Freitag	Samstag	Sonntag

Lene ist Vegetarierin -
erstelle Lenes persönlichen Speiseplan!

2 Die Ankunft in Elkmar

Am nächsten Morgen kommt Lene in den Speisesaal. Erst wird ausgiebig gefrühstückt, aber dann können sich alle, die Kinder und die Betreuer, ein Lunchpaket für den Tag zusammenstellen.

Für jeden sind zwei Brötchen, ein Trinkpäckchen, ein Schokoriegel und ein Apfel oder eine Banane vorgesehen.

Insgesamt sind es 16 Kinder und vier Betreuer. Was bleibt auf dem Tisch liegen, wenn alle ihre Lunchpakete gepackt haben?

Trage die Lösungszahlen in die Kästchen ein und addiere die Zahlen.

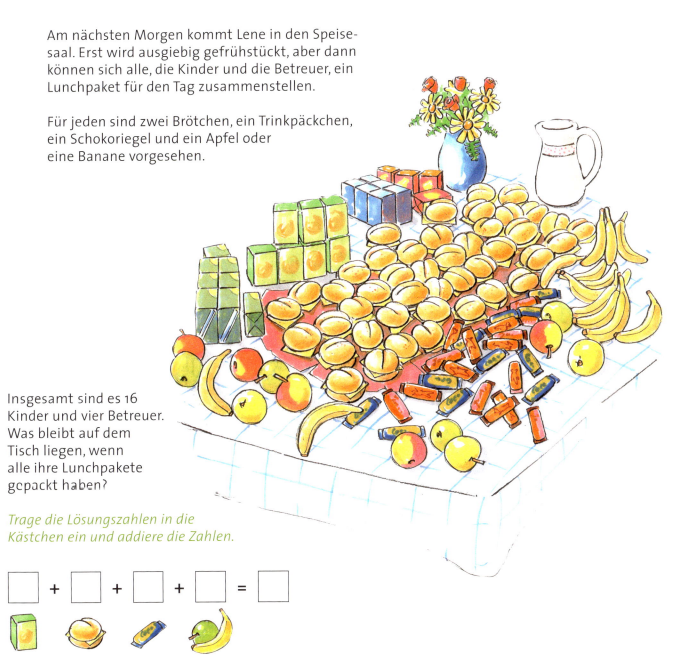

☐ + ☐ + ☐ + ☐ = ☐

Eine Rallye durch die Stadt

3

Heute ist der erste richtige Ferientag! Die Betreuer haben sich ein spannendes Spiel überlegt: eine Rallye durch die Stadt. Zuerst aber müssen dafür die Rallyegruppen gebildet werden.

Team 1

- Mädchen mit langen, braunen Haaren, kurzer Hose und geblümtem T-Shirt
- Mädchen mit kurzen, blonden Haaren, blauer Jeans und gestreiftem Top
- Junge mit braunen Haaren und Zopf, trägt eine dunkle Brille, kurze, blaue Hose und blaues T-Shirt mit V-Ausschnitt
- Junge mit blonden, kurzen Haaren und Baseballkappe, weiter Hose und gestreiftem T-Shirt

Team 2

- Mädchen mit braunen kurzen Haaren, roter Latzhose und weißem T-Shirt
- Mädchen mit dunklen, lockigen, kurzen Haaren, kurzer, grüner Hose und gestreiftem T-Shirt
- Junge mit dunklen Haaren, Brille, kurzer, dunkler Hose und weißem T-Shirt
- Junge mit braunen, kurzen Haaren, weiter schlabberiger Hose und schwarzem T-Shirt

◄Daphne►

◄Jessica

◄Alexander

◄Fatma

Frederic►

Ellen►

Bernd►

3 Eine Rallye durch die Stadt

Team 3

- Mädchen mit langen, braunen, lockigen Haaren, Rock und gelbem Top
- Mädchen mit langen, glatten, blonden Haaren, Brille, gepunktetem Top und langer schwarzer Hose
- Junge mit schwarzen, lockigen Haaren, schwarzer, langer Hose und grauem Hemd
- Junge mit blonden, kurzen Haaren, weißrotem Sportshirt und blauer Hose

Team 4

- Mädchen mit roten, kurzen Haaren, kurzer, blauer Hose und rotem Top, Baseballkappe
- Mädchen mit schwarzen, kurzen Haaren, Brille, Spangen im Haar, weitem, gelbem Rock und blauem T-Shirt
- Junge mit braunen, kurzen Haaren und Seitenscheitel, Nickelbrille, hellem, kurzärmeligem Hemd und langer heller Bundfaltenhose
- Junge mit blonden, langen, glatten Haaren, Jeans und T-Shirt mit V-Ausschnitt

Die Gruppenzusammenstellung ist auf Zetteln beschrieben. Findest du die passenden Kinder auf dem Bild? Schreibe die Vornamen auf die Zettel.

33

3 Eine Rallye durch die Stadt

Gruppeneinteilung Rallye

Die erste Aufgabe ist damit geschafft: Die Gruppen haben sich gefunden. Jede Gruppe bekommt jetzt eine Menge Aufgaben. Findest du die richtigen Aufgaben für jede Gruppe?

Team 4

Team 1

Team 2

Team 3

3 Eine Rallye durch die Stadt

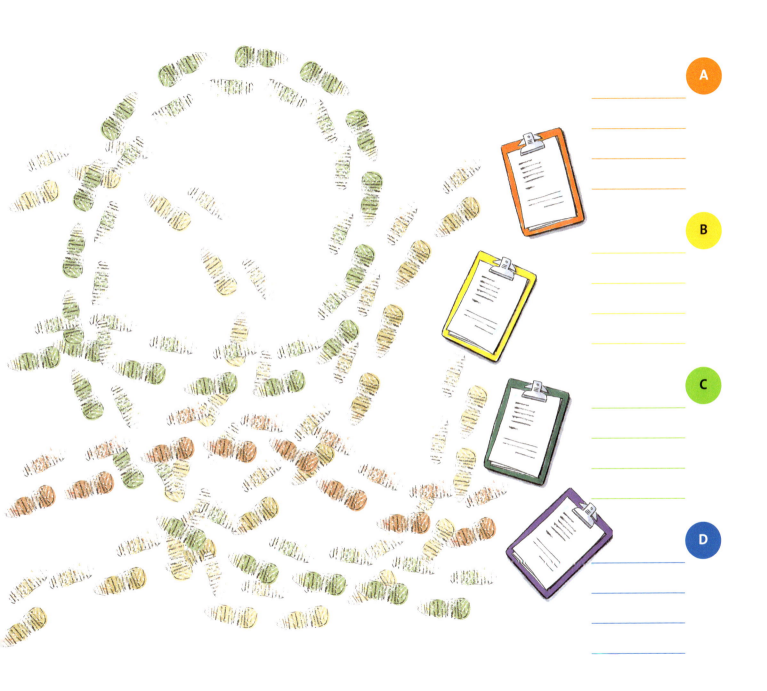

Schreibe die Vornamen der Gruppenmitglieder an die Aufgabenpakete!

35

3 Eine Rallye durch die Stadt

Der Start

Hallo Leute!

Es geht los. Eure erste Rallyeaufgabe müsst ihr an einem Ort lösen, wo man mehr als nur nasse Füße bekommt.
So findet ihr den Weg:
Geht vom Jugendhotel aus in den Weg „Am Wald". Am Spielplatz biegt ihr links in den Clarissenweg. An der übernächsten Kreuzung müsst ihr nach rechts gehen. Folgt der Straße und geht links in die Sackgasse. Dort wartet eure erste Aufgabe.

Zeichnet den Weg in den Plan ein!
Wie heißt euer Ziel?

3 Eine Rallye durch die Stadt

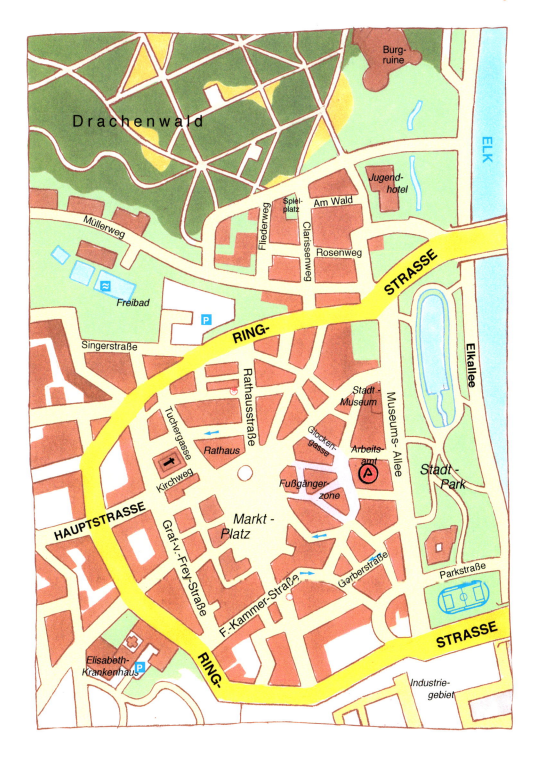

3 Eine Rallye durch die Stadt

Rallyeaufgabe 1

3 Eine Rallye durch die Stadt

Rallyeaufgabe 1

Ihr habt das erste Ziel erreicht!
Schaut euch die Vorderseite des Eingangsgebäudes an.
Ein Künstler aus der Gegend hat das Wandbild gemalt.

Zählt die Fische!

Wie viele Paare von Fischen findet ihr?

Welche der Lebewesen sind keine Fische?
Zählt sie und tragt ein!

D _ _ _ _ _ _ _

S _ _ _ _ _ _ _

S _ _ _ _ _ _ _ _ _

M _ _ _ _ _ _ _

Ihr braucht jetzt euren Stadtplan. Zeichnet den Weg vom Freibad zur Glockengasse ein und macht euch auf den Weg zur Glockengasse!

3 Eine Rallye durch die Stadt

Rallyeaufgabe 2

3 Eine Rallye durch die Stadt

Rallyeaufgabe 2

Prima! Ihr seid angekommen!
Diese sechs Häuser stehen in der Glockengasse.

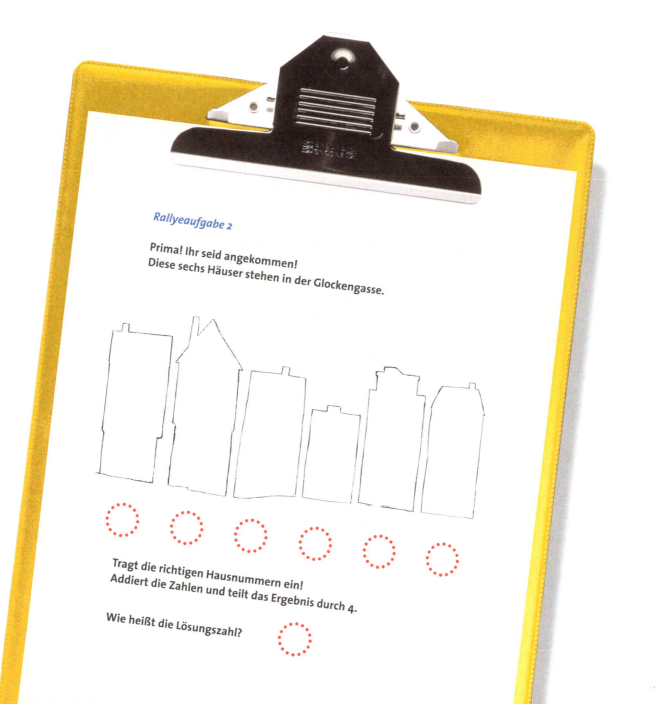

Tragt die richtigen Hausnummern ein!
Addiert die Zahlen und teilt das Ergebnis durch 4.

Wie heißt die Lösungszahl?

41

3   Eine Rallye durch die Stadt

Rallyeaufgabe 3

| 7 | 9 | 11 | 13 | 15 | 17 |

| 2 | 4 | 6 | 8 | 10 | 12 |

| 14 | 16 | 18 | 20 | 22 | 24 |

3 Eine Rallye durch die Stadt

Rallyeaufgabe 3

Die dritte Aufgabe müsst ihr in der Gerberstraße lösen.

Zeichnet den Weg von der Glockengasse zur Gerberstraße in den Stadtplan ein!
An welchem öffentlichen Gebäude kommt ihr vorbei?

Vergleicht die Schattenbilder mit den Häusern in der Gerberstraße und tragt die passenden Hausnummern ein!

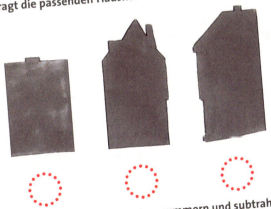

Addiert die beiden niedrigen Hausnummern und subtrahiert von dieser Zahl die der hohen Hausnummer!

Lösungszahl:

43

3 Eine Rallye durch die Stadt

Rallyeaufgabe 4

3 Eine Rallye durch die Stadt

Rallyeaufgabe 4

Ihr habt euch eine Pause verdient. Ruht euch im Stadtpark etwas aus!
Zeichnet aber zuerst den Weg von der Gerberstraße zum Stadtpark im Stadtplan ein!
Schaut euch die Skulptur dort genau an. Welche Fahrzeuge könnt ihr erkennen?

Landfahrzeuge	Wasserfahrzeuge	Luftfahrzeuge

3 Eine Rallye durch die Stadt

Pause im Stadtpark

Lene, Ellen, Eric und Frederic machen im
Stadtpark eine Pause; bevor du mit ihnen
die Rallye fortsetzt, löse ein paar Aufgaben:

*In dem Buchstabengitter sind die Bezeichnungen für 20 Fahrzeuge versteckt.
Finde und markiere sie! Ordne die Wörter nach dem Abc!*

1.	Auto	11.	Mofa
2.	Ballon	12.	Motorrad
3.	Bus	13.	Rakete
4.	Eisenbahn	14.	Rennwagen
5.	Fahrrad	15.	Roller
6.	Flugzeug	16.	Ruderboot
7.	Hubschrauber	17.	Segelboot
8.	Kahn	18.	Straßenbahn
9.	Kutsche	19.	Taxi
10.	Lastwagen	20.	Zeppelin

*Teste Dein Gedächtnis! Welche neun Fahrzeuge waren bereits in der
Skulptur auf der Seite versteckt?*

_____   _____   _____

_____   _____   _____

_____   _____   _____

3 Eine Rallye durch die Stadt

Die Wörter sind wieder von links nach rechts, von oben nach unten und diagonal zu lesen! Ihre Anfangsbuchstaben sind markiert.

3 Eine Rallye durch die Stadt

3 Eine Rallye durch die Stadt

LIEBENSWERTES ELKMAR

STADT DER TAUS

Damit Sie Ihre
historische Elk
können, hab
Einkeh

Elkmar ist
Kaffeestuben
die Jüngeren
ein bunt ge
staltetes P
Auch h
Termine
den nachfol
führung
„Was ist
Touristik-

1. Elkmar blickt auf eine fast 2000-jährige Geschichte zurück. Fundstücke aus der Römerzeit sind im Stadtmuseum zu besichtigen.
2. Im Zentrum der Stadt liegt das im 18. Jahrhundert erbaute Rathaus.
3. Ruhe und Erholung genießen Sie in der „grünen Lunge" unserer Stadt. Mit seinem alten Baumbestand beeindruckt der Stadtpark unsere Besucher.
4. Fitness, Spaß und Spiel bietet das neu erbaute Freibad.
5. Die Fassaden von Häusern aus drei Jahrhunderten sind in den verwinkelten Altstadtgassen zu bewundern.
6. Die Elk wird von zwei imposanten Brücken überspannt.
7. Oberhalb des Jugendhotels liegt die Ruine der Drachenburg.
8. Auf ausgedehnten Wanderwegen kann man das Naturschutzgebiet „Drachenwald" erkunden.

ERLEBEN SIE DAS JUWEL AN DER ELK MITHILFE DES STADTPARCOURS

Während sich alle im Park ausruhen, liest Lene in einem Werbeprospekt der Stadt Elkmar.

Ordne die Bilder den Texten zu und trage die Lösungsbuchstaben ein!

| 1 | 2 | 3 | 4 | 5 | 6 | 7 | 8 |

49

3 Eine Rallye durch die Stadt

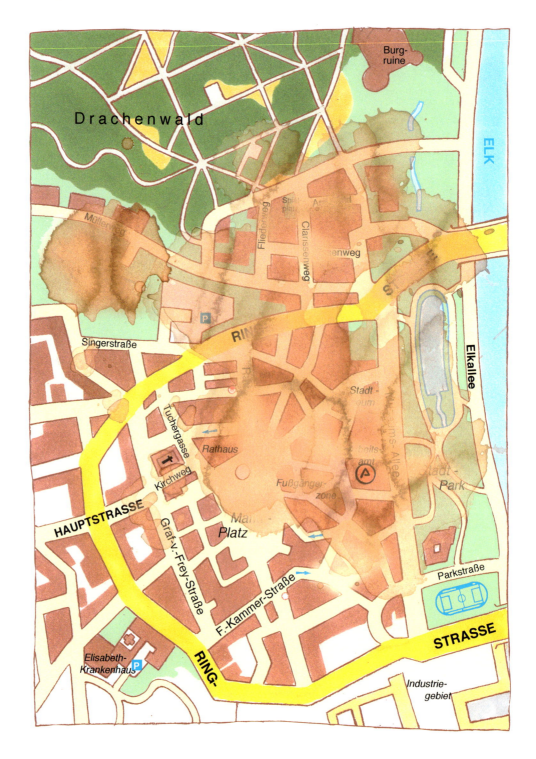

3 Eine Rallye durch die Stadt

Lene und ihre Freunde haben Pech. Beim Picknick ist ihnen der Kakao umgekippt. Der Stadtplan ist nass geworden, und einiges ist jetzt nicht mehr zu erkennen.

Für die nächste Rallyeaufgabe musst ihr euch auf den Weg zum Rathaus machen.
Vor dem Rathaus ist heute Markt. Wenn ihr Lust habt, könnt ihr noch ein wenig bummeln.
Aber schaut euch das Rathaus schon einmal genau an.

Ergänze aus dem Gedächtnis die fehlenden Straßen und Gebäude! Vergleiche das Ergebnis mit dem Stadtplan auf Seite 37. Hilf auch die Informationen zur nächsten Rallyeaufgabe wieder lesbar zu machen!

_____

_____

_____

_____

51

3 Eine Rallye durch die Stadt

Auf dem Marktplatz

Bevor die vier die Rallye fortsetzen, bummeln sie noch
etwas über den Markt. Hier gibt es ja so viel zu sehen!

Finde die vier und kreise sie ein!

Lene	ist im Planquadrat
Eric	ist im Planquadrat
Frederic	ist im Planquadrat
Ellen	ist im Planquadrat

Male die Kinder passend an!

Fülle diesen Steckbrief für Ellen und Frederic aus!
(ein Tipp: Das Alter findest du auf Seite 21!)

Name

Alter

Haarfarbe

Kleidung

Name

Alter

Haarfarbe

Kleidung

3 Eine Rallye durch die Stadt

53

3 Eine Rallye durch die Stadt

Rallyeaufgabe 5

Rallyeaufgabe 5

Geschafft, ihr steht jetzt vor dem Rathaus der Stadt Elkmar!
Diese Häuser liegen am Marktplatz.

M E R S M O

1677 1685 1688 1648 1683 1657

Welches Haus ist das älteste? Welches Haus ist das jüngste?
Ordnet die Jahreszahlen! Tragt die Buchstaben ein!

3 Eine Rallye durch die Stadt

Nanu? Da fehlt doch was!

Ergänze die fehlenden Teile der Zeichnung mit Lineal und Bleistift und male dann alles aus.

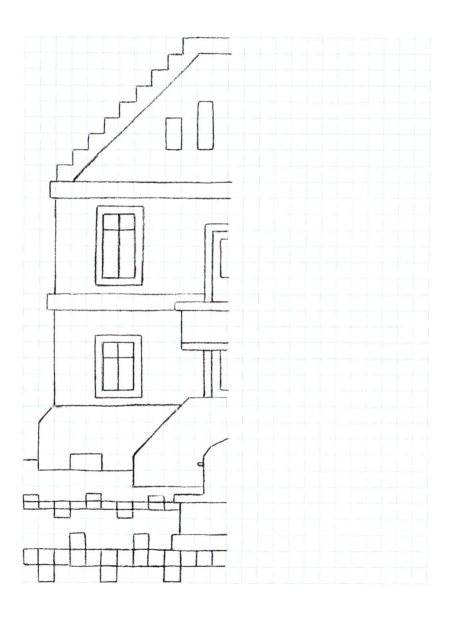

Rallyeaufgabe 6

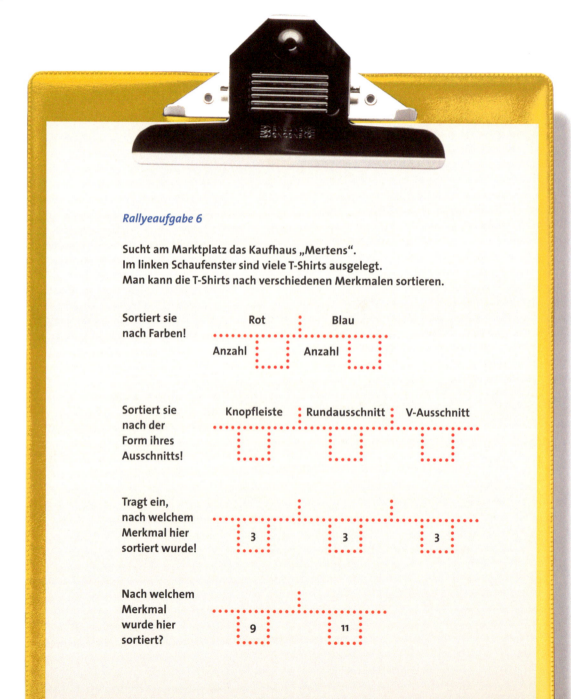

3 Eine Rallye durch die Stadt

Rallyeaufgabe 7

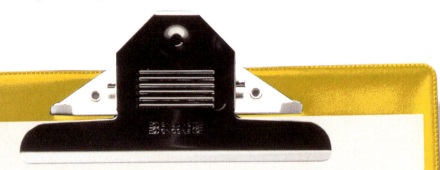

Rallyeaufgabe 7

Wie es mit unserer Rallye weitergeht, erfahrt ihr aus dieser Geheimbotschaft:

⊛LL⊛ GR★PP⊛N TR⊛FF⊛N S⊙CH ★M 16 ★HR ⊙N
D⊛R ⊛SD⊛⊛L⊛. D⊛R N⊙M⊛ D⊛R ⊛SD⊛⊛L⊛
⊙ST ⊙M L⊙BYR⊙NTH V⊛RST⊛CKT. K▼MMT S▼F▼RT!
W⊛R W⊙RT⊛N ⊙★F ⊛★CH.

Entschlüsselt die Botschaft!

....

....

....

....

Findet den Weg durch das Labyrinth auf dem nächsten Blatt! Wie heißt die Eisdiele? Notiert die Lösungsbuchstaben!

__ __ __ __ __ __ __

Schreibt den Namen der Eisdiele in Geheimschrift!

__ __ __ __ __ __ __

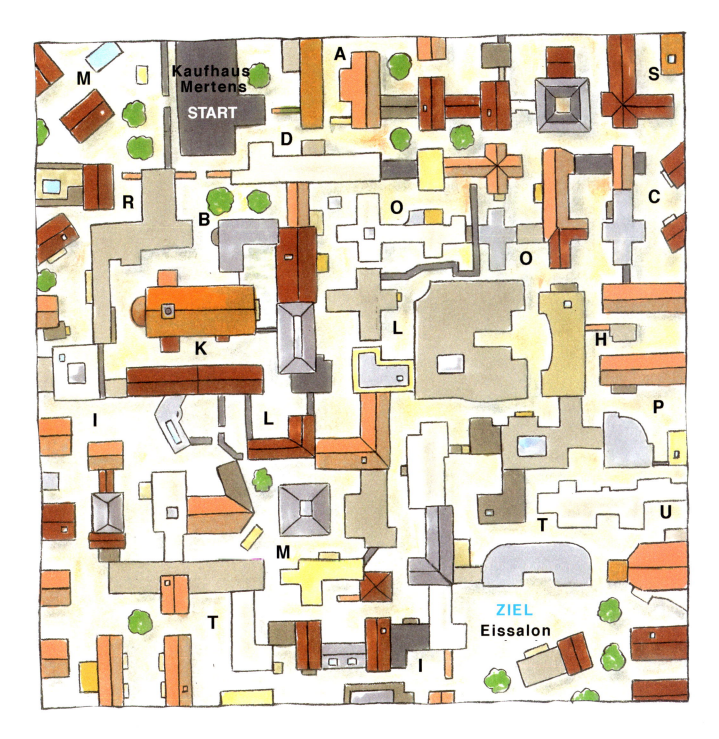

Rallyeaufgabe 8

Rallyeaufgabe 8

Hallo Ellen, Lene, Eric und Frederic!
Jetzt seid ihr also am Ziel unserer Rallye angekommen und habt
euch ein großes Eis verdient.
Bevor ihr euch aber zu mir an den Tisch setzt, löst dieses Rätsel!
Viel Erfolg!
Euer Jan!

Ich habe zwei Nachbarn, aber kein Gegenüber.
Ellen, du sitzt zwischen Eric und mir.
Eric, du sitzt von mir aus gesehen auf der linken Tischseite.
Lene, du sitzt Eric gegenüber.
Frederic, du sitzt zwischen Lene und mir.

Also, schreibt die
Namen in die richtigen
Kästchen und setzt
euch an den Tisch!

In der Eisdiele

Jan hat von jedem der vier Kinder ein Foto gemacht, das er ihnen schenken will. Aber da stimmt doch etwas nicht – auf jedem Foto gibt es eine Veränderung.

Schau dir Lene, Eric, Frederic und Ellen genau an! Bei jeder Person ist etwas verändert. Kreise es ein!

3 Eine Rallye durch die Stadt

Die Rallye hat so gut geklappt, und alle haben sich in der Eisdiele Dolomiti eingefunden – da passiert ein Missgeschick.

Bringe die Bilder in die richtige Reihenfolge!

___ ___ ___ ___ ___ ___
 1   2   3   4   5   6

3 Eine Rallye durch die Stadt

Die beiden Eisbecher, die der Kellner gebracht hat, sehen sich zum Verwechseln ähnlich. Aber ganz gleich sind sie nun auch wieder nicht.

Finde die 14 Unterschiede und kreise sie ein.

63

Ein Besuch im Museum

4

Das war ein spannender Tag mit der Rallye quer durch Elkmar. Heute kann dafür jeder machen, was er möchte. Lene, Kerim, Susanne, Bernd und Jan gehen gemeinsam ins Museum. Das Museum in Elkmar ist für seine alten römischen Fundstücke und seine Sammlung alter und moderner Kunst bekannt. Es gibt viel zu sehen und auszuprobieren.

Als erstes schauen sie sich die Überreste eines alten Mosaiks an.

Ergänze das Muster.

Römische Funde

Früher gab es natürlich noch keine Gefäße aus Plastik. Fast alle Töpfe und Krüge waren aus Ton. Nicht alle Gegenstände sind gut erhalten, oft konnten nur Scherben gefunden werden.

Welche Bruchstücke gehören zu dem Krug?

4 Ein Besuch im Museum

In der Gemäldesammlung

Im Museum sind viele Bilder aus vergangenen Jahrhunderten ausgestellt. Ein Bild zeigt den Marktplatz von Elkmar. Lene und Susanne lesen die Bildbeschreibung. Aber da stimmt doch einiges nicht!

Unterstreiche im Text die falschen Aussagen.

DER MARKTPLATZ VON ELKMAR

Elkmars Stadtzentrum wurde auch im 91. Jahrhundert vom Marktplatz bestimmt. An den Markttagen boten die Bauern aus der Umgebung Ziegen und Schafe, aber auch Gemüse und Obst zum Kauf an. Fahrende Händler verkauften Kleider, Töpfe und Pfannen. Die Menschen aus der Umgebung reisten mit dem Bus an. Auch die feine Stadtbevölkerung erledigte den Einkauf auf dem Markt. Die Damen mit ihren langen Röcken spazierten zwischen den Marktständen auf und ab und schauten sich das Warenangebot an. Kinder spielten zwischen den Marktständen, und Zirkusleute zeigten ihr ganzes Können.

4 Ein Besuch im Museum

Kannst du Lene und Susanne weiterhelfen?
Das Bild vom Marktplatz ist durcheinander geraten.

Sortiere die Bildausschnitte im Kopf in der richtigen Reihenfolge.

Lösungswort:

67

4 Ein Besuch im Museum

Lene und Susanne sind inzwischen in der Sammlung für moderne Kunst. Besonders beeindruckt sind sie von den Spurenbildern.

Ordne die Bildausschnitte dem Bild zu und trage die Lösungsbuchstaben ein.

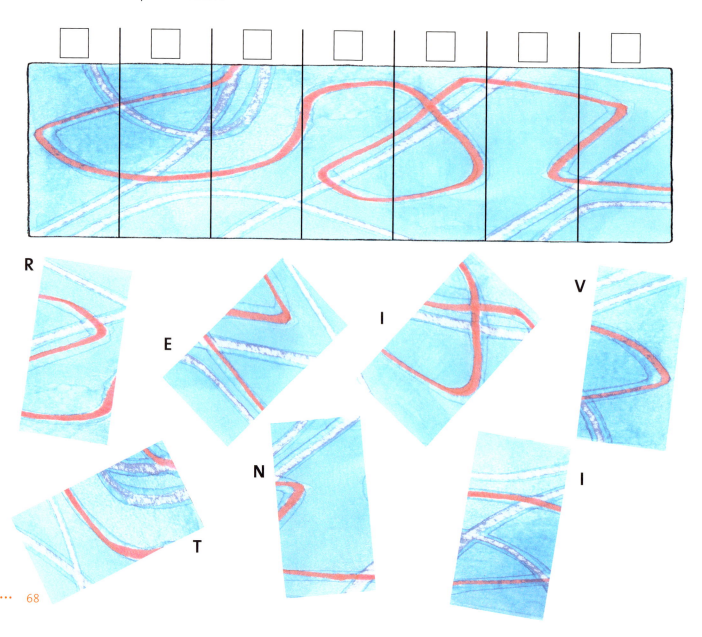

4 Ein Besuch im Museum

Zur Ausstellung der Modernen Kunst gehört ein Bild des Künstlers Paul Klee. Das Bild gefällt Susanne besonders gut. Interessiert liest sie den Begleittext, da bemerkt sie: Im Text fehlen ja einige Buchstaben!

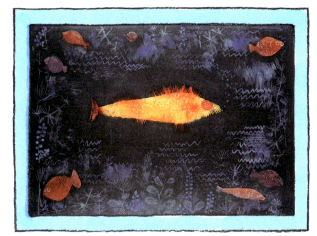

Quelle: Archiv für Kunst und Geschichte, Berlin

„Kunst gibt nicht das Sichtbare wieder, sondern macht sichtbar"
PAUL KLEE

Paul Klee beschäftigte sich intensiv mit dem unenlichen Richtum von Farben, Fomen und Linien von Pflanzen, Tieren und Menschen. Er beobachtete sie soar unter dem Mikroskp und entdeckte Dinge, die mit boßem Auge nicht zu entecken sind. Beim naturgetreuen Zeichnen und Malen wurde Paul Klee Immer deutlicher, dass gemalte oder fotografiert Gegenstände immer nur eien Teil der Wirklichkeit zeigen. Sie zeigen nur das Äußere. Der Betrachter sieht jedoch auch immer mit seinem inneren Auge. Das innere Auge wird durch die eigne Stimmung beeinlusst. Wir sind mal fröhlch und mal traurig. Mit diesen Stimmungen nehmen wir Dinge ander war. Paul Klee hat in seinen Bildern versuht diesen Stimmungen Ausdruck zu verleien.

*Kannst du sie finden?
Lies den Text aufmerksam (am besten laut) durch und trage die fehlenden Buchstaben der Reihe nach in die Kästchen ein.*

4 Ein Besuch im Museum

Lene und Susanne stehen vor einem leeren Bilderrahmen.
Wo ist nur das Bild geblieben? Auf einem Zettel können sie einige
Hinweise zu dem Bild lesen.

*Das rote Dreieck bildet das Zentrum dieses modernen
Kunstwerks. Die drei blauen Quadrate überdecken leicht die
Spitzen des Dreiecks.*

*Im Hintergrund verlaufen parallel zum Rahmen senkrechte
dünne Linien, die zum rechten Bildrand hin immer dicker werden.
In den Ecken des Bildes erkennt man jeweils zwei halb übereinander
liegende Kreise.*

Kannst du das Bild mithilfe der Beschreibung malen?

Rosa Müller
Geometrische
Komposition
Öl auf Leinwand, 1983

4 Ein Besuch im Museum

Zurück aus dem Museum

Die Stunden im Museum waren interessant, aber auch etwas anstrengend. Mit vielen Eindrücken machen sich Lene, Kerim, Susanne, Bernd und Jan auf den Weg ins Jugendhotel.

Dort ist am Vormittag gewaschen worden und alle Sachen liegen durcheinander. Welche Kleidungsstücke gehören den Fünfen?

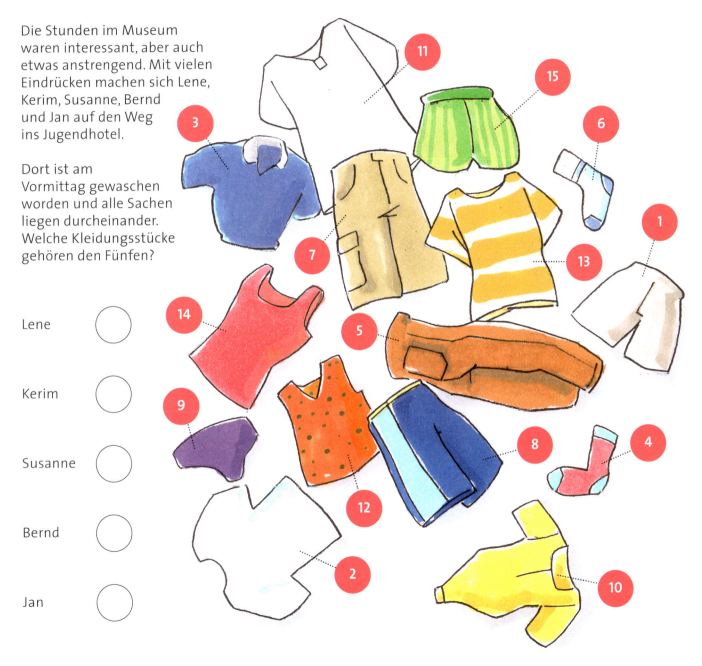

Lene   ◯

Kerim ◯

Susanne ◯

Bernd ◯

Jan   ◯

71

Der Grillabend

Der Tag soll mit einem Grillabend enden. Lene und ihre Freunde gehen noch einmal in die Stadt und kaufen dafür ein.

Merke dir die Einkaufsliste genau!

1. GURKE
2. SAFT
3. TOMATEN
4. BAGUETTE
5. KETSCHUP
6. SERVIETTEN
7. LIMONADENDOSEN
8. SALAT
9. BRATWÜRSTE
10. GRILLKOHLE

Decke die Einkaufsliste ab!
Was muss hier noch eingekauft werden?

Es fehlen noch

_____ _____ _____

Ein Brief von Tobias

Wieder im Jugendhotel angekommen, bekommt Lene in der Anmeldung einen Brief. Tobias hat ihr zurückgeschrieben.

Lies den Brief und schreibe ihn richtig auf!

HALLO LENE DANKE FÜR DEINEN BRIEF
MEIN BRUDER HAT IHN MIR HEUTE NACH M
ITTAG INS KRANKENHAUS GEBRACHT I
M MOMENT FREUE ICH MICH ÜBER JEDE AB
WECHSLUNG ICH BIN ZWAR ERST VIER TA
GE IM KRANKENHAUS ABER LANGWEILI
G IST MIR TROTZDEM SCHON HIER LÄUFT EI
N TAG WIE DER ANDERE ICH BIN FROH DA
SS ES DIR SO GUT GEFÄLLT UND DU NETTE LE
UTE KENNENGELERNT HAST ICH WÄRE WI
RKLICH GERNE AUCH DABEI ICH WAR WÄH
REND DER LETZTEN SOMMERFERIEN MIT ME
INEN ELTERN AUCH IN ELK MARGE STERN HA
BEN MICH NILS UND MARCEL BESUCHT WIR HA
BEN ZWEI STUNDEN KARTEN GESPIELT ICH W
ÜNSCHE DIR NOCH VIEL SPASS VIELE GRÜSSE TO
BIAS

VON **TOBIAS** AN LENE

5 Der Grillabend

Der Weg zur Grillhütte

Die Grillhütte im Drachenwald, wo das Fest stattfinden soll, ist nicht einfach zu finden. Hier gibt es viele Wanderwege, und man kann sich leicht verlaufen.

Ordne die Ausschnitte der Karte zu und trage den Buchstaben ein! (Ⓐ Ⓑ Ⓒ ...)

74

5 Der Grillabend

Vom Jugendhotel geht ihr geradeaus in den Wald. An der zweiten Kreuzung nehmt ihr den diagonalen Weg nach rechts. An der folgenden Kreuzung geht ihr geradeaus. Die Grillhütte liegt links vor euch!

Und auch die Wegbeschreibung ist durch zwei Fehler erschwert worden. Welche sind es?

Stelle den Text richtig!

Alle Jugendlichen haben ihre Einkäufe in der Grillhütte abgelegt. Welche Dinge wurden nicht von Lene und ihrer Gruppe eingekauft?

Kreise sie ein.

Ein Tag im Freibad

Beim Grillen gestern waren Gewitterwolken aufgezogen, doch glücklicherweise hatte es nicht geregnet. Jetzt ist das Wetter wieder super, die Sonne scheint, und es ist keine Wolke am Himmel zu sehen. Lene und ihre Freunde sind heute im Freibad – aber da stimmt doch etwas nicht!

Finde die zehn Fehler.

Stadt, Land, Fluss

Mario, Björn und Frederic vertreiben sich die Zeit mit „Stadt, Land, Fluss". Welche Wörter sind da wohl gemeint?

Stadt	Land	Fluss	Name	Tier	Beruf
_ern	_elg___	_rahmaputra	_ern_	_ _ r	_a_er
_th_n	_lb_nien	_ma_on_s	_ _ja	_m_ _se	_rz_
_ _rtm_nd	_äne_ark	_on_ _	_en_is	_rome_ar	_ach_e_ _er
_ss_n	_stl_nd	_lb_	_llen	_ _el	_lektri_ _ _
_rier	_ _nesi_n	_ib_r	_ _bias	_i_er	_anzle_rer
_lm	_ng_rn	_nstr_t	_lr_ch	_h_	_nterne_mer
_elle	_hile	_olo_ado	_hr_s_ian	_ _am_leon	_hem_ _er
_am_ur_	_ondu_as	_ave_	_en_rik	_y_ne	_au_me_ster

Kannst du die fehlenden Buchstaben ergänzen?
Aus den Anfangsbuchstaben jeder Reihe ergibt sich das Lösungswort.

Lösungswort:

    1   2   3   4   5   6   7   8

6 Ein Tag im Freibad

Dennis beschäftigt sich mit Rätseln.
Kannst du ihm helfen?
Ein Gegenstand gehört nicht zu den anderen.
Findest du heraus, welcher es ist?

Streiche jeweils das unpassende Wort durch.

1. Bikini – Badehose – Badeanzug – Badewanne
2. Walkman – Rätselheft – Kartenspiel – Sonnenbrille
3. Schwimmflossen – Schnorchel – Taucherbrille – Taschenlampe
4. Sonnencreme – Limonade – Apfel – Kekse
5. Sandalen – Rucksack – T-Shirt – Baseballkappe
6. Shampoo – Waschpulver – Duschgel – Seife
7. Decke – Handtuch – Kartenspiel – Badeanzug
8. Kassiererin – Schwimmmeister – Reinigungsfrau – Badegast
9. Startblock – Sprungturm – Rettungsring – Rutsche
10. Schwimmgürtel – Schwimmflügel – Luftmatratze – Schwimmbrett
11. Liegestuhl – Kleiderhaken – Sitzbank – Spiegel
12. Schwimmflossen – Schwimmflügel – Taucherbrille – Schnorchel
13. Brustschwimmen – Tauchen – Rückenschwimmen – Kraulen
14. Roman – Zeitung – Lexikon – Comic
15. Pizza – Pommes – Bratwurst – Eis

6 Ein Tag im Freibad

Ein Brief in Geheimschrift

Fatma und Susanne
haben eine Geheimschrift
erfunden. Sie ersetzen
einige Buchstaben durch
ganz bestimmte andere.

Dor Tig ig Froibid gofällt gir gut. Zug Glück schoint houto dio Sonno und wir könnon gogütlich fiulonzon. Ici findo os klisso, gil oinon Tig totil zu ontspinnon. Sollon wir gloich Volloybill spiolon odor liobor zur Rioionrutscho gonon? lupordog hibo ich Hungor. Sollon wir Pizzi odor Poggos oßson?

Violo Grüßo

Susinno

*Findest du heraus,
welche Buchstaben
durch andere ersetzt
sind? Schreibe den
Brief richtig auf.*

Zurück vom Baden

Der Tag im Freibad hat viel Spaß gemacht. Im Jugendhotel hängen alle ihre nassen Badesachen auf. Am nächsten Morgen hat der Wind alles von der Leine gefegt.

Welche Bikinis passen zusammen?

1:	
2:	
3:	
4:	
5:	
6:	
7:	
8:	
9:	
10:	

6 Ein Tag im Freibad

Lies die Beschreibung und finde die passenden Badesachen.

1 Mein Bikini ist quer gestreift. Ein breiter und ein schmaler Streifen wechseln sich ab.

2 Mein Bikini hat helle Punkte auf einem dunklen Untergrund.

3 Mein Bikini ist uni. Auf der Seite der Hose sind vier Streifen. Das Oberteil hat breite Träger.

4 Meine Badehose hat dunkle Punkte auf hellem Untergrund.

5 Mein Badeanzug ist dunkel und hat Querstreifen.

6 Meine Badehose hat breite Streifen.

7 Mein Badeanzug hat dunkle Punkte auf hellem Untergrund.

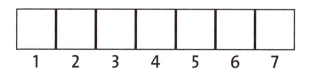

| 1 | 2 | 3 | 4 | 5 | 6 | 7 |

Der Abschied von Elkmar

7

Die Zeit in Elkmar ist nun fast zu Ende. Am letzten Abend soll aber noch einmal richtig gefeiert werden. Jan und Silke entwerfen also einen Einladungsbrief für die Abschiedsparty.

Liebe Leute,

jetzt ist es wirklich soweit.
Wir hatten tolle Tage in Elkmar im Jugendhotel.
Nachdem wir das erste Wirrwarr beseitigt hatten und jeder sein Zimmer gefunden und den richtigen Koffer hatte, konnte der Urlaub anfangen. Durch die Rallye habt ihr Elkmar und seine Hits kennen gelernt. Dann konntet ihr alleine etwas unternehmen. Einige waren im Museum, andere öfter im Freibad, und einen langen Einkaufsbummel habt ihr alle gemacht. Manche waren ganz aktiv und haben alles mitgemacht. Die Eisdiele war nachmittags der Treffpunkt. Ein Höhepunkt war der Grillabend, auch wenn wir nur auf Irrwegen das Ziel erreicht haben. Nach so vielen anstrengenden Aktionen hatten wir uns einen ruhigen Tag im Freibad verdient. Auch wenn die Bikinisuche danach für viel Verwirrung sorgte.
Zum Ende findet heute abend die Abschiedsparty statt.

Start: 19.00 Uhr
Für Essen und Trinken ist gesorgt!

Einladung zur Party

Kai hat es übernommen, den Brief auf seinem Notebook ins Reine zu schreiben, und hat den Text dabei leicht verändert.

Unterstreiche die Veränderungen!

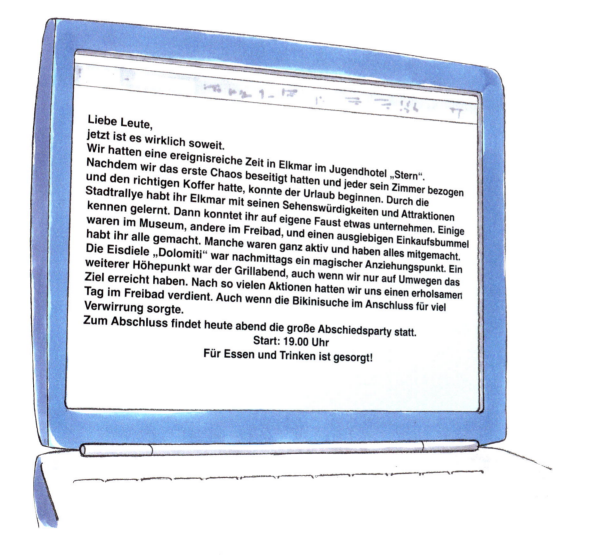

Liebe Leute,
jetzt ist es wirklich soweit.
Wir hatten eine ereignisreiche Zeit in Elkmar im Jugendhotel „Stern". Nachdem wir das erste Chaos beseitigt hatten und jeder sein Zimmer bezogen und den richtigen Koffer hatte, konnte der Urlaub beginnen. Durch die Stadtrallye habt ihr Elkmar mit seinen Sehenswürdigkeiten und Attraktionen kennen gelernt. Dann konntet ihr auf eigene Faust etwas unternehmen. Einige waren im Museum, andere im Freibad, und einen ausgiebigen Einkaufsbummel habt ihr alle gemacht. Manche waren ganz aktiv und haben alles mitgemacht. Die Eisdiele „Dolomiti" war nachmittags ein magischer Anziehungspunkt. Ein weiterer Höhepunkt war der Grillabend, auch wenn wir nur auf Umwegen das Ziel erreicht haben. Nach so vielen Aktionen hatten wir uns einen erholsamen Tag im Freibad verdient. Auch wenn die Bikinisuche im Anschluss für viel Verwirrung sorgte.
Zum Abschluss findet heute abend die große Abschiedsparty statt.
Start: 19.00 Uhr
Für Essen und Trinken ist gesorgt!

Ein großer Einkauf

Für die Abschiedsparty muss einiges eingekauft werden. Die vier Betreuer Mona, Silke, Jan und Kai haben sich viel Mühe gegeben und 40 verschiedene Sachen zum Essen und Trinken besorgt. Findest du sie alle?

Markiere die Begriffe und schreibe sie auf die rechte Seite.

7 Der Abschied von Elkmar

Diagonal:

25 _____

26 _____

27 _____

28 _____

29 _____

30 _____

31 _____

32 _____

Waagerecht:

Senkrecht:

33 _____

1 _____

13 _____

34 _____

2 _____

14 _____

35 _____

3 _____

15 _____

36 _____

4 _____

16 _____

37 _____

5 _____

17 _____

38 _____

6 _____

18 _____

7 _____

19 _____

39 _____

8 _____

20 _____

9 _____

21 _____

10 _____

22 _____

11 _____

23 _____

12 _____

24 _____

40 _____

7 Der Abschied von Elkmar

Auf der Abschiedsparty

Für den Abend hat Jan ein Spiel vorbereitet. Er hat alle 16 Kinder fotografiert, die Bilder zerschnitten und Kopf, Rumpf und Beine vertauscht.

Team 2

Fatma: ___ ___ ___   Kerim: ___ ___ ___

Daphne: ___ ___ ___   Björn: ___ ___ ___

Team 1

Lene: A1 B3 C4   Eric: ___ ___ ___

Ellen: ___ ___ ___   Frederic: ___ ___ ___

7 Der Abschied von Elkmar

Findest du heraus, welche Teile zu wem gehören?

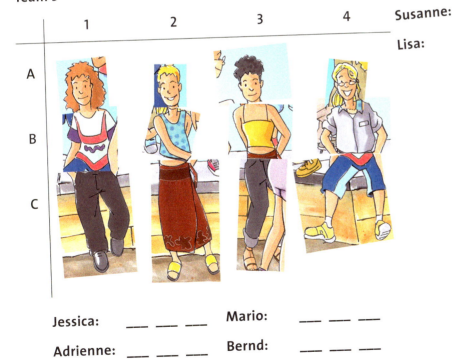

Susanne: ___ ___ ___

Lisa: ___ ___ ___

Dennis: ___ ___ ___

Alexander: ___ ___ ___

Jessica: ___ ___ ___

Adrienne: ___ ___ ___

Mario: ___ ___ ___

Bernd: ___ ___ ___

7 Der Abschied von Elkmar

Auch zu Hause wollen die Kinder und
die Betreuer den Kontakt zueinander
nicht verlieren. Deshalb schreibt
jeder seinen ganzen Namen,
Adresse und Telefonnummer
auf einen Zettel.

Alexander Schuster

Silke Dun

Fatma Ügün

Eric Aust

Ellen Conrads

Frederic Rieder

Kai Gessinger

Bernd Dillant

Susanne Draeke

Lisa Görres

Dennis Schuhmann

Kerim Isufi

Lene Blume

Mario Tinat

Jessica Riedmann

Jan Riedel

Björn Kallmann

Daphne Jacob

Adrienne Kallweit

Ellen Conrads

7 Der Abschied von Elkmar

Lene hat sich bereit erklärt,
eine Adressenliste zu schreiben.
Sie sortiert alphabetisch nach
den Nachnamen.

*Mache es entsprechend
in der Tabelle.*

ADRESSEN

NR.	NACHNAME	VORNAME	ANSC

7 Der Abschied von Elkmar

Auf der Heimfahrt

Gegen die Langeweile auf der Rückfahrt haben Mona und Jan Rätselseiten für die Kinder erstellt.

Löse die Rätsel!

Welches Wort musst du in den Kasten schreiben, damit drei sinnvolle Begriffe entstehen?

[ ] ··· Post
··· Druck
··· Pumpe

[ ] ··· Bank
··· Rahmen
··· Scheibe

[ ] ··· Ball
··· Gelenk
··· Schuh

[ ] ··· Platte
··· Decke
··· Bein

[ ] ··· Bahn
··· Bau
··· Belag

[ ] ··· Bahn
··· Gipfel
··· Ziege

Kannst du diese Scherzfragen beantworten?

Was kann man nicht zum Frühstück essen?

Was schmeckt besser als ein Stück Schokolade?

Was hat ein Berliner in sich?

Welches Bett ist immer nass?

Was muss man tun, bevor man morgens aufsteht?

Es hat einen Rücken und kann nicht liegen,
es hat zwei Flügel und kann nicht fliegen,
es hat ein Bein und kann nicht geh'n –
und wenn es läuft, ist es nicht schön.

7 Der Abschied von Elkmar

Welche Bilder ergeben zusammen ein Wort?
Verbinde die Bilder und schreibe die Begriffe auf!

....
....
....
....
....

Und hier unser Rätsel zum Abschluss!
„Übersetze" und schreibe auf!

F=D ̶s̶   T=w e=o   K=w
         r=n
              ̶Z̶ ̶g̶ e=i

.... !

2=a   2=ie   n=r e=t   g=ß ̶a̶ ̶t̶   +ge- d=m
                                              + -t

.... ?

Lösungen

Seite 10/11:

Hallo Lene,

endlich geht es los nach Elkmar. Wir freuen uns, dass du dabei bist. Wir, das sind Mona, Silke, Jan und Kai, deine Betreuer für die nächsten 14 Tage im Jugendhotel „Stern".

Natürlich wollen wir richtig faulenzen, schließlich sind ja große Ferien. Aber wir haben auch viele Aktionen geplant: Ausflüge ins Freibad und ins Museum, eine Gruppenrallye durch die Stadt, Grillabend, Disco und noch andere Sachen, die Spaß machen.

Sonst noch Fragen, Ideen oder Tipps? Wir sind für dich da!

Seite 15:

Dinge gegen Langeweile: Buch, Comicheft, Stift, Kopfhörer, Gameboy, Walkman

Dinge gegen Hunger und Durst: Limonade, Kaugummi, Brote, Apfel, Banane, Bonbons

Dinge fürs Wohlbefinden: Mütze, Sonnenbrille, Taschentücher, Stirnband, Kamm, Spiegel

von oben: Stift, *von links:* Apfel, *diagonal:* Kamm

Seite 16/17:

1 Kinder, 2 Ampel, 3 oben, 4 Gold, 5 i.A., 6 Ente, 7 oft, 8 Telefon, 9 Horn, 10 Kalender, 11 Helm, 12 Hase, 13 rot, 14 Eimer, 15 blau, 16 Rum, 17 Rost, 18 Aal, 19 Seil, 20 Elefant, 21 Kopftuch, 22 Kunst, 23 Nagel, 24 Radio, 25 Bein, 26 Laterne, 27 Eile, 28 Federn, 29 Kiste, 30 Meer, 31 Ton, 32 Minute, 33 Kuss, 34 Igel, 35 Rose, 36 Bahn, 37 All, 38 Tee

Lösungswort: Schöne Ferien!

Seite 18:

A 3, B 5, C 1, D 2, E 4

Seite 19:

unten (von links): Essraum, Küche, Treppe;
oben: Fernsehraum, Lenes Zimmer, Badezimmer

Seite 20/21:

Ellen Conrads	Daphne Jacob
Dennis Schuhmann	Lisa Görres
Frederic Rieder	Björn Kallmann
Susanne Drache	Mario Tinat
Kerim Isufi	Alexander Schuster
Jessica Riedmann	Eric Aust
Fatma Üglu	Kai Gessinger
Bernd Dillant	Jan Riedel
Lene Blume	Silke Dun
Adrienne Kallweit	Mona Kulant

Das Alter der Kinder und der Betreuer hängt natürlich davon ab, wann du diese Aufgabe löst.

Lösungen

Seite 22/23:
Unterschiede: Bettdecke des unteren Betts, kleines Kissen auf dem unteren Bett, Teppich, Lampenschirme, Hefte auf der Ablage, Spiegel, Blumenstrauß, Vorhänge, Fenstergriff, Farbe der Tapete

Seite 24:
von links nach rechts: 4, 2, 1, 3

Seite 25:
im Uhrzeigersinn von links: E 3, D 2, E 7, G 3, F 5, E 5

Seite 26:
Sofa, Auto, Bilderrahmen, Schultasche
doppelt: Hose

Seite 27:
Kopfhörer

Seite 28/29:
Lieber Tobias, eigentlich hatte ich ja gar keine Lust mehr, mit nach Elkmar zu fahren, nachdem du dir das Bein gebrochen hattest und deswegen nicht mitfahren konntest. Gut, dass ich mich doch getraut habe. Es ist nämlich wirklich toll hier! Die meisten aus der Jugendgruppe habe ich schon während der Busfahrt etwas kennen gelernt, sodass ich mich überhaupt nicht allein fühle. Mein Zimmer, das ich mir mit Susanne teile, ist ganz in meinen Lieblingsfarben gelb und blau eingerichtet. Auch das Essen ist gut! Wir können jeden Tag zwischen drei Gerichten wählen und zum Glück ist immer auch ein vegetarisches Essen dabei. Für jeden Tag gibt es hier verschiedene Aktionen und Angebote. Für die nächsten Tage haben wir Gruppen gebildet. In diesen Gruppen werden wir eine Stadtrallye machen. Jetzt muss ich los! Die anderen warten schon auf mich. Ich freue mich schon auf deinen Brief, den du mir versprochen hast. Gute Besserung! Liebe Grüße von Lene

Seite 30:
Montag: Spaghetti mit Paprika-Tomaten-Soße und frischem Salat, *Dienstag:* vegetarische Reisnudeln, *Mittwoch:* Gemüsefrikadellen mit Gemüse und Salat, *Donnerstag:* Pizza vegetariana, *Freitag:* Apfelpfannkuchen mit Zimt und Zucker, *Samstag:* Gemüsesuppe, *Sonntag:* Gemüsebratling mit Tomatensoße

Seite 31:
5 + 4 + 7 + 5 = 21

Seite 32/33:
Team 1: Lene, Ellen, Eric, Frederic;
Team 2: Fatma, Daphne, Kerim, Björn;
Team 3: Jessica, Adrienne, Mario, Bernd;
Team 4: Susanne, Lisa, Dennis, Alexander

Seite 34/35:
A: Team 3, *B:* Team 1, *C:* Team 2, *D:* Team 4

Seite 36/37:
Freibad

Seite 38/39:
49 Fische, 7 Paare, 2 Delfine, 1 Seehund, 3 Seesterne, 5 Muscheln

Seite 40/41:
1 + 7 + 6 + 17 + 9 + 12 = 52, 52 : 4 = 13

Seite 42/43:
Arbeitsamt, 13 + 8 - 20 = 1

93

Lösungen

Seite 44/45:
Auto, Bus, Lastwagen, Mofa, Ruderboot, Segelboot, Ballon, Flugzeug, Hubschrauber

Seite 46/47:
1) Auto, Bus, Mofa, Lastwagen, Roller, Fahrrad, Motorrad, Segelboot, Ruderboot, Hubschrauber, Flugzeug, Ballon, Rakete, Zeppelin, Straßenbahn, Eisenbahn, Taxi, Kutsche, Kahn, Rennwagen
2) Auto, Ballon, Bus, Flugzeug, Hubschrauber, Lastwagen, Mofa, Ruderboot, Segelboot

Seite 48/49:
Parkbank

Seite 50/51:
Für die nächste Rallyeaufgabe müsst ihr euch auf den Weg zum Rathaus machen. Vor dem Rathaus ist heute Markt. Wenn ihr Lust habt, könnt ihr noch ein wenig bummeln. Aber schaut euch das Rathaus schon einmal genau an.

Seite 52:
1) *Lene:* B4, *Eric:* D1, *Frederic:* B1, *Ellen:* C5
2) *Name:* Ellen Conrads; Alter: siehe Seite 21; Haarfarbe: blond; Kleidung: blaue Jeans, gestreiftes Top
Name: Frederic Rieder; Alter: siehe Seite 21; Haarfarbe: blond; Kleidung: weite Hose und gestreiftes T-Shirt

Seite 54/55:
Sommer

Seite 56/57:
5 – 6, 6 – 10 – 4, gestreift – geblümt – gepunktet, gemustert – einfarbig

Seite 58/59:
Alle Gruppen treffen sich um 16 Uhr in der Eisdiele. Der Name der Eisdiele ist im Labyrinth versteckt. Kommt sofort. Wir warten auf euch.
Dolomiti
D▼L▼M★T★

Seite 60:

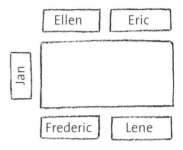

Seite 61:
Ellen: Streifen des Tops verändert; *Lene:* Blumenmuster fehlt auf dem T-Shirt; *Eric:* eckige Brille; *Frederic:* grüne Mütze

Seite 62:
Becher

Seite 63:

Seite 65:
A, B, D, F, G, I

Seite 66:
Der Marktplatz von Elkmar: Elkmars Stadtzentrum wurde auch im 91. Jahrhundert vom Marktplatz

bestimmt. An den Markttagen boten die Bauern aus der Umgebung Ziegen und Schafe, aber auch Gemüse und Obst zum Kauf an. Fahrende Händler verkauften Kleider, Töpfe und Pfannen. Die Menschen aus der Umgebung reisten mit dem Bus an. Auch die feine Stadtbevölkerung erledigte den Einkauf auf dem Markt. Die Damen mit ihren langen Röcken spazierten zwischen den Marktständen auf und ab und schauten sich das Warenangebot an. Kinder spielten zwischen den Marktständen, und Zirkusleute zeigten ihr ganzes Können.

Seite 67:
Kunstsammlung

Seite 68:
Vitrine

Seite 69:
Der goldene Fisch

Seite 70/71:
Lene: 7; *Kerim:* 2; *Susanne:* 14; *Bernd:* 8; *Jan:* 11

Seite 72:
Tomaten, Salat, Grillkohle

Seite 73:
Hallo Lene, danke für deinen Brief. Mein Bruder hat ihn mir heute Nachmittag ins Krankenhaus gebracht. Im Moment freue ich mich über jede Abwechslung. Ich bin zwar erst vier Tage im Krankenhaus, aber langweilig ist mir trotzdem schon. Hier läuft ein Tag wie der andere. Ich bin froh, dass es dir so gut gefällt und du nette Leute kennen gelernt hast. Ich wäre wirklich gerne auch dabei! Schreib mir doch bitte bald wieder. Ich bin sehr neugierig, was du alles erlebst. Besonders die Aufgaben der Stadtrallye interessieren mich.

Ich war während der letzten Sommerferien mit meinen Eltern auch in Elkmar. Gestern haben mich Nils und Marcel besucht. Wir haben zwei Stunden Karten gespielt. Ich wünsche dir noch viel Spaß und hoffe, du schreibst bald wieder! Viele Grüße Tobias

Seite 74:
1 B, 2 H, 3 C, 4 D, 5 E, 6 F, 7 G, 8 I, 9 A

Seite 75:
1) An der zweiten Kreuzung nehmt ihr den diagonalen Weg nach links.
An der folgenden Kreuzung geht ihr nach rechts.
2) Brötchen, Kartoffelchips, Pappbecher und -teller

Seite 76:
Filmscheinwerfer, Mond, Snowboard, Limonadenflasche, Wollmütze, Pinguin, Türen am Dach des Gebäudes, Duschen am Beckenrand, Mülleimer, Sprungturm

Seite 77:
Badetuch

Seite 78:
Badewanne, Sonnenbrille, Taschenlampe, Sonnencreme, Rucksack, Waschpulver, Kartenspiel, Badegast, Rettungsring, Luftmatratze, Liegestuhl, Schwimmflügel, Tauchen, Lexikon, Eis

Seite 79:
Der Tag im Freibad gefällt mir gut. Zum Glück scheint heute die Sonne und wir können gemütlich faulenzen. Ich finde es klasse, mal einen Tag total zu entspannen. Sollen wir gleich Volleyball spielen oder lieber zur Riesenrutsche gehen? Außerdem habe ich Hunger. Sollen wir Pizza oder Pommes essen? Viele Grüße Susanne

········· Lösungen

Seite 80:
1 B, 2 H, 3 D, 4 A, 5 I, 6 E, 7 G, 8 J, 9 C, 10 F

Seite 81:
Freibad

Seite 82/83:
Liebe Leute,
jetzt ist es wirklich soweit.
Wir hatten eine ereignisreiche Zeit in Elkmar im
Jugendhotel „Stern".
Nachdem wir das erste Chaos beseitigt hatten
und jeder sein Zimmer bezogen und den richtigen Koffer hatte, konnte der Urlaub beginnen.
Durch die Stadtrallye habt ihr Elkmar mit seinen
Sehenswürdigkeiten und Attraktionen kennen
gelernt. Dann konntet ihr auf eigene Faust etwas
unternehmen. Einige waren im Museum, andere
im Freibad, und einen ausgiebigen Einkaufsbummel habt ihr alle gemacht. Manche waren
ganz aktiv und haben alles mitgemacht. Die Eisdiele „Dolomiti" war nachmittags ein magischer
Anziehungspunkt. Ein weiterer Höhepunkt war
der Grillabend, auch wenn wir nur auf Umwegen
das Ziel erreicht haben. Nach so vielen Aktionen
hatten wir uns einen erholsamen Tag im Freibad
verdient. Auch wenn die Bikinisuche im Anschluss
für viel Verwirrung sorgte.
Zum Abschluss findet heute abend die große
Abschiedsparty statt.
Start: 19.00 Uhr
Für Essen und Trinken ist gesorgt!

Seite 84/85:
12 Wörter waagerecht: Wasser, Milch, Essig, Kohl,
Wurst, Ei, Spinat, Pilze, Apfel, Banane, Hecht, Salz
12 Wörter senkrecht: Mehl, Salbei, Mais, Kiwi,
Rahm, Obst, Oel, Kleie, Torte, Tee, Brause, Brot
16 Wörter diagonal: Eis, Dill, Steak, Kartoffeln,

Birne, Schokolade, Salat, Kresse, Nudeln, Lachs,
Pfeffer, Senf, Cola, Zucker, Saft, Reis

Seite 86/87:
Team 1: Lene: A 1, B 3, C 4; Ellen: A 2, B 1, C 3;
Eric: A 3, B 4, C 2; Frederic: A 4, B 2, C 1;
Team 2: Fatma: A 2, B 1, C 4; Daphne: A 3, B 4, C 1;
Kerim: A 4, B 3, C 2; Björn: A 1, B 2, C 3;
Team 3: Jessica: A 1, B 3, C 2; Adrienne: A 4, B 2, C 3;
Mario: A 3, B 4, C 1; Bernd: A 2, B 1, C 4;
Team 4: Susanne: A 4, B 3, C 1; Lisa: A 2, B 4, C 3;
Dennis: A 3, B 1, C 2; Alexander: A 1, B 2, C 4

Seite 88/89:

Aust, Eric	Kallmann, Björn
Blume, Lene	Kallweit, Adrienne
Conrads, Ellen	Kulant, Mona
Dillant, Bernd	Riedmann, Jessica
Drache, Susanne	Riedel, Jan
Dun, Silke	Rieder, Frederic
Gessinger, Kai	Schuhmann, Dennis
Görres, Lisa	Schuster, Alexander
Isufi, Kerim	Tinat, Mario
Jacob, Daphne	Üglu, Fatma

Seite 90:
Luft-, Fenster-, Hand-, Tisch-, Straßen-, Berg-
Abendbrot, zwei Stücke Schokolade, Marmelade,
das Flussbett, Aufwachen, die Nase

Seite 91:
1) Dachstuhl, Eisblume, Fensterrahmen, Bild-
   schirm, Handtasche
2) Das wollen wir wissen!
   Hat diese Fahrt Spaß gemacht?